JN418739

사람이 그리워서

김초혜 시집

사람이 그리워서

시학
Poetics

■ 시인의 말

시는 두 번째의 자연이라고 한다.
자연의 소중함을 생각하면
시를 쓴다는 일에 더욱
엄숙함을 느낀다.
산이 얕아도 골짜기도 있고
봉우리도 있다. 얕은 산을
위안 삼아 시집을 묶는다.

2008년 새해 아침
김초혜

차 례

제2부

제3부

제4부

제1부

편지

먼저 핀 꽃도
나중 핀 꽃도
모두 다 지는 꽃이라

그대가 어제 피운 꽃 한 송이
오늘은 내게 와서 지고 있다

꽃잎 명상

그대가
어제 먹은
그 꿀은
꽃술에서 나온
수백만 송이 꽃이다

오늘 그대 눈 속에
어리는 눈물은
한 생애의
꽃잎 진 상처다

안부

강을 사이에 두고
꽃잎을 띄우네

잘 있으면 된다고
잘 있다고

이때가 꽃이 필 때라고
오늘도 봄은 가고 있다고

무엇이리
말하지 않은 말

산수유꽃

밤도 층층이 깊고
산도 겹겹이 깊었는데

풍경 소리는
비에 젖어
산수유꽃을 피운다

봄인들 어떻고
봄이 아닌들 어떠랴

인연설

어제 그대에게
머물렀던 바람이

오늘은 내게 불어와

일천 겹 그리움의
파도를 이룬다

아집

해는 해를 보지 못하고
달은 달을 못 보듯

그대는 그대를 모르고
나는 나를 모르리

나를 위하여

낮이나 밤이나
어두움 속을 가는
장님에게

형광등이 어두울까 하여
백열등으로 갈았으니

좀 밝아졌을 거라
한다

그리움을 위하여

벚나무 가지가
담을 넘어
내 집 마당에
꽃그늘을 드리웠다

섬에 갇힌 내게
손을 내민다

그래, 꽃의 일생이
아깝지 않구나

이별에게

밤새도록
달빛이
목련꽃 가지를
휘어 놓았구나

꽃이 졌는가 했더니
그대
떠나는 날이다

삶

빨리
어른이 되고 싶다는
손자 재면이

어린 시절로
돌아가고 싶은
할머니

사막의 노래

자고나도 사막길
꿈속에도 사막길

대여섯 살 딸을 안고
아버지가 부르시던 노래
노래 속에 사막이 있었는지
사막 속에 노래가 있었는지
세월의 그 틈을 빠져나와

사막은 영원의 길
고달픈 나그네 길

내가 나를 안고 부르는 노래
눈물 어린 사막의 노래

대금과 시인

입김의 9할은
허공의 몫으로 스미고
남은 1할이
대롱 속으로
깊이 배어 들어가
떨리며 목마친 노래가 된다

영감은 고독이다
고독은 절제다

바람나무

그대의 폐 속에는
얼마만큼의
푸른 바다가 펼쳐졌는지
기쁜 일이 있어도
크게 노래하는 일 없고
슬픈 일이 있어도
겉으로 내색하지 않는다

화가 나도
낯빛을 바꾸는 일 없이
간간이
바람을 흔들고 있구나

시론

쓰지 않으면
글자가 아니다

부르지 않으면
노래가 아니듯

읽지 않으면
시가 아니다

마음의 형태

꽃이거나
꽃이 아니거나

바람이거나
바람도 아니거나

지우거나
그려내거나

천만 가지 마음의 형태다

빛이거나
어둠이거나

봄밤

달,
그 너머에
어둠의 당신

옹이 진 자리에
꽃이 피어도

오늘도 울며
봄을 넘는다

불면

잠들면 밤은 짧지만
잠 못 드는 밤은
멀어라

이 밤
잠은 왜
저 홀로 울고 있을까

황혼

빨리 흐르라고
떠밀지 않아도

낙엽 한 잎 띄우고

강물은
사정없이 흐른다

진정한 나이

나이와 사이가 좋아지니까
사소한 것도 아름답다

나이를 못 따라가면
후회와 탄식이 쌓이고

너무 앞질러 가면
길잡이를 잃는다

어떤 무심無心

쉬었다는 생각도
쉬어 버리고

잊는다는 생각도
잊어버린 채

몸, 그것마저
놓아 버린다

저 빛은
무슨 빛인가

눈을 감아도
빛부신 한낮

노을길

오실 때의 길도 모르시었고
가실 때의 길도 모르시어라

힘이 미치지 못하기에
준비가 따로 없는 길이어라

그 길을 거치지 않고
고요한 하늘에 안기고 싶어라

제2부

마음먹기

세상일이
어디라 없이 피어난
한 송이 꽃이라오

좋은 일도 나쁜 일도
가는 하루의
일이고

세월의 흐름을 잊고
입 벌려 웃으니
남도록 봄이 온다오

손자를 위하여

하루에 삼천 번을 만난대도
어찌 반갑지 않으랴
웃는 모습도
우는 모습도
참으로 눈부셔라

봄 다음에도
봄만 오게 하는 아이야
잎이 피고 자라고
꽃이 피어 만개해

앞으로 오는
100년 내내 봄이거라

연꽃 노을

아, 이제 보니
고요함 속에서

꽃이 피고
꽃이 지는구나

요즈음 날씨

부모가 되어서야
부모 마음 짐작하듯이

봄이 지나야
봄의 의미 되새기듯이

삶 이후의 일을
미리 다 아는 듯이

빈 몸으로 바람을 안고
고개만 끄덕 끄덕인다

꼴불견 세상

이미 죽었는데도
죽은 지 모르는 사람

자신도 구하지 못하면서
남에게 부적이나 써 주는 사람

그걸 믿고
울고 웃는 사람

그대에게

나는 그대가 설령 꽃답지 않다 해도
그것에서 아름다움을 볼 수 있다

그대가 그대 자신으로
존재한다는 사실이

더 큰 가치이고
의미이기 때문이다

시인 조재면

제주의 바닷가에서
28개월짜리 손자에게 문득

"너는 커서 뭐가 될래"
"아무 것도 할게 없져"
"그래두 희망 같은 거 있잖아"
"시인 될래"
"시인? 시가 뭔데"
이윽고 느린 목소리로

바람이 분다
꽃이 피었다
사람이 지나간다

그래 그게 시다

길의 노래

갈 곳이 정해진
여행은
놀이에 불과하리

어디로 가야 할지 몰라
방황하는 길에서

갈 수 있는 길이
이 길밖에 없을 때

가지 않을 길인데
가야 하는 길일 때

그때
길은 시작되리

오늘

세월에 치여
육신의 수레는 낡고 헐어도

마음길은
붉은 꽃으로
천리를 간다

꽃필 무렵

같이 바라본 산수유꽃
그대에게는 무심함으로
내게는 일상으로

그해 초봄부턴가

허상

천둥 번개에도
꿈적 않던
그대가
사물의 꿈에 빠져
강물에
목이 잠겼구나

길을 묻는다

하늘의 일은
하늘에게
땅의 일은 땅에게

그림은 화가에게
시는 시인에게
길을 묻는다

성경은 목사에게
불경은 스님에게
묻지 말 것

기회주의

불교를 만나면
불교인 체
기독교를 만나면
기독교인 체

불교를 만나면
기독교인 체
기독교를 만나면
불교인 체

그런 이도 있더라

당신은 누구십니까

고단하게 일그러진
낯선 얼굴에
눈빛은 흐리고
입술은 비뚤어지고
어디서 많이 본 듯한 당신은
마음엔 금이 가 있고
몸체는 기울었고
여울진 삶에
옹이옹이 맺힌 어둠까지
그 속에 갇힌
당신은 누구십니까

세상은 요지경

세 명의 친구가 있었다

한 명은 청렴하여
언제나 남루했다
한 명은 적당히 타협하며
편안하게 살았다
한 명은 타협과 굴종으로
부귀영화를 누렸다

한 명에게는 능력이 없다
한 명에게는 능력이 있다
한 명에게는 능력도 있고 실력도 있다

했단다

몸살

몸이 비대하면
내가 지고 갈 수 없고

내가 황폐해지면
몸이 나를 지고 갈 수 없으니

고맙습니다

고통 받고
또 고통 받을 때
아프고 또
아플 때
자신과 잔혹한 싸움이 시작됩니다
고맙습니다
치유는 어렵지만
견딜 수 있는 아픔을 주어

고통 받는 생명이라도
죽음보다 가치 있는 것이라고
믿게 해 주어 고맙습니다
더하여 고통도 행복이라
여기게 해 주어서 고맙습니다

제3부

마음 화상火傷

그대가
그림 속의 불에
손을 데었다 하면
나는 금세
3도 화상을 입는다

마음의 마음은
몇 번이고 몇 번이고
화상을 입는다

동반자

서로 의지하지만
소유하지 못하기에
가까이 다가가도
처음대로의
간격은 남는다

시간과 공간을 넘어
밝을 때는 밝음을 더하고
그리울 때는 그리움을 더하며

빈손

도둑이 들까 봐
모든 귀중품은
금고에 넣었다

도둑이 금고째
떠메고 갔다

잠재의식

심하게 헛구역질을 한다
상한 꼬막을 먹고 토사곽란으로
고생한 후에는 꼬막만 보아도
입안에 비린내가 돌아서

교통사고 나던 해에
달팽이관에 탈이 생겨
어지럼증으로 누워 지냈다

지금도 귀를 씻을 때는
땅이 동남쪽으로 기울고
하늘이 서북쪽으로 기우는 것 같아
어질어질 비틀거린다

괴산 가는 길

산 너머에 연기가
피어오르는 것을 보면

어머니,
하고 부른다

장애인

먹기만 하고
잠만 자는 사람

교과서나 개괄서만 읽고
경외심이 없는 사람

자신을 사랑하지도 않고
이웃을 사랑할 줄도 모르는 사람

남을 가엾다 여기면서
자신이 가여운 것을 모르는 사람

작은 기도

당신이 행복했던 얘기보다는
불행한 얘기를 들려주십시오

당신의 불행했던 얘기는
불행에 빠져 허우적대는
모든 이에게 행복을 줄 것이고

행복했던 얘기는
지금 행복한 이에게도
불행을 줍니다

세월 속에서

그대와 함께 마시던 카모마일
모래시계의 모래는 제한된
시간 속에서 쉬임없이 흐르고
우리의 인생도 그와 같아 안타까운데

흐름을 멈추듯 차를 마시라 하네
수억만 년도 더 넘게 그대와 나눌
생生이 있는 줄 알았는데

어느 사이 우주의 시간이
그대와 나의
황혼을 앞당기려 하네

해가 하나이듯

두 마음은 괴롭다
한 마음은 안온하다

마음에는
두 얼굴의
주인이 산다

그대 마음

깊고 깊은
골짜기네요

자연은
봄과 여름으로
정직한 모습을 보여 주고
하루는
일출과 일몰로 구별되는데

사람의 마음은
갈수록 첩첩이라
그대의 마음을
마음으로 삼기가 힘드네요

이 세상에

지성과 재능은
넘쳐 납니다

양심과 도덕이
모자랍니다

쌍둥이 형제

범인 아무개라고 쓰여 있는
벽보를 보면 그의 눈과 귀와
입은 섬뜩해 보입니다

아무개 교수라고 쓰인
신문을 보면 그의 눈은 빛나고
귀는 귀덕스럽고 입에는 믿음이

물려 있는 것처럼
보였습니다

죽음

나를 떠나
멀리 있는 것이리

남들 속에 있지만
내 것은 아닌 것이리

내가 남이 되면
그 남 속에 있는 것이리

사랑

소리를 내면 깊은 강이 될 수 없다

탐욕

무심코 그리면
날아가는 새의
숨소리도 그리고
떠난 자리
그 허공까지도 그리는데

잘 그리려 하면
날아가는 새인지
앉아 있는 새인지
눈앞이 흐린다

생명

겨울의 햇볕이
봄꽃을 피우고
봄의 꽃이
겨울의 햇볕을 고이게 하듯

봄이 오고 봄이 가고
한때는 그도 산 사람이었고
언젠간 나도 죽은 사람이다

함박꽃이었지요
— 아들에게

강하지도 않고 약하지도 않고
당돌하지도 않고 겁내지도 않고
대범하지도 않고 소심하지도 않고
억세지도 않고 부드럽지도 않은
엄마의 꽃이었지요

게으른 듯하나 부지런하고
너그러운 듯하나 철저하고
남의 말 하기를 벙어리같이 하고

말없이 엄마를 복종시키는
꽃이었지요

시각 장애인

어두움은 영원하지 않습니다
봄에 꽃을 보지 못하고
가을에 단풍을 볼 수 없어도

아내의 마음으로
가을이 가고 겨울이 오고
다시 봄이 오고 여름이 가는 것을
환하게 봅니다

제4부

짧은 순간

한 생애
일출과 일몰 사이
그리워 그리워서
모란은 지고

시간이 온 그때부터
시간의 끝인 그때까지
이렇게 자꾸만 서러운 것은
모란이 지는 탓만은 아니리

이 가을에

오랫동안

불타는

단풍이 부럽다

정치가

뱀의 다리를 그립니다

뱀의 다리는 두 개입니다
뱀의 다리는 네 개입니다
뱀의 다리는 열여섯 개입니다

모두들 뱀의 다리를 그립니다

가난

지금 부족한 것 없지만
아무 것도 가진 것 없던
젊은 날보다
더 가난하오

좋은 옷도
그때의 헐한 옷보다도
남루하기만 하오

기름진 밥 찾아 먹어도
기쁨은 자꾸
줄어든다오

위로

당신이 누구시든
나를 안다고 마셔요
내 서러움과
똑같은 서러움을
내 아픔과
똑같은 아픔을
당신은 모르시니까요

오늘이 네 생애에
가장 슬픈 날이라고만
말해 주셔요

비만

오늘만 포식하고
내일부터 줄이기로 합니다
그리고 그 다음날에는
절식입니다

그러나 내일은
다시 온 오늘이고
그 다음날도
또 오늘입니다

천심天心

먹을 만큼 먹고
잘 만큼 잔다
태어날 때의 마음
그대로 자란다

어린이는 만물의 어버이

그날

불길 속에서 타고 있습니다
1시간 30분 남았습니다
살이 지글거리고
뼈가 뒤틀리고
눈과 코와 입이

아, 얼굴이 무너졌어라

뜨겁다고 아니 하십니다
아프다고도 아니 하십니다
세상 살던 식으로
고단하게 견디어 내십니다

울지도 못하였어라
숨도 쉴 수 없었어라
오라버니 오라버니

원숭이 삼형제

치켜뜬 눈을 숨기고
아래로 드리운 입을 감추고
쫑긋이 세워진 귀를 가리고

보게 될까 봐 안 보려고
듣게 될까 봐 듣지 않으려고
말하게 될까 봐 말하지 않으려

서로 눈과 귀와 입을
막아 주었다

부자가 되는 방법

남을 불쌍히 여기지 않는다
의로운 일에는 눈을 감는다
어른 아이 없이 물질로 대한다
남을 속이는 지략을 몸에 익힌다
어제의 친구도 적이 될 수 있다

어떤 우화

욕심 많기로 이름난 형에게
마음씨 착한 아우가
욕심 많은 사람은 죽어서
불지옥으로 떨어진다던데
형님은 욕심이 없으셔서
극락왕생하시겠다 하니
형이 입이 헤 벌어져
그래도 아우뿐이라고
못내 좋아하였단다

내 탓이로다

장님이 길을 가다
길 가던 사람과 부딪쳤다

눈 먼 주제에
눈 뜬 장님 탓하랴

처세술 개론

남의 말에 관심을 두지 마라
그것이 아침의 올무일 때
눈이 가려질 수밖에

빨리 걷지도 말고
머물러 있지도 말고
천천히 천천히

어둠을 묽게 하며
밝음이 오듯이
모든 것은 단번에
가득 찰 수 없단다

진짜 부자

점심을 마치고 돌아오는 차 속에서
“진짜 부자는 돈이 많은 게 아니라
지식이 많아야 되는 거죠”
뜬금없이 툭 던지는 다섯 살짜리
작은 손자 재서의 말
놀라는 할머니가 이상하다는 듯
“그거 탈무드에서 랍비가 한 말이예요”
대수롭지 않다는 듯 초등학교 1학년인
형의 발언

아이는 어른의 아버지

가나 마나

이사 갑니다 안녕히 계십시요
또 이사를 하십니까
개 짖는 소리가
시끄럽다고 해서
집을 옮깁니다

사람이 그리워서

지은이 | 김초혜
펴낸이 | 설보혜
펴낸곳 | Poetics 시학
1판1쇄 | 2008년 1월 30일
1판2쇄 | 2008년 3월 10일
출판등록 | 2003년 4월 3일
주소 | 서울 종로구 명륜동1가 42
전화 | 744-0110
FAX | 3672-2674

값 10,000원

ISBN 978-89-91914-40-7 03810